Una maleta cargada de sueños

María López Verdú

Primera edición: diciembre 2023

Depósito legal: AL 2987-2023

ISBN: 978-84-1199-651-8

Impresión y encuadernación: Editorial Círculo Rojo

© Del texto: María López Verdú
© Maquetación y diseño: Equipo de Editorial Círculo Rojo
© Ilustraciones: Ana Tejedor

Editorial Círculo Rojo
www.editorialcirculorojo.com
info@editorialcirculorojo.com

Impreso en España — Printed in Spain

Para todos, niños y mayores:
Nunca dejéis de soñar,
aunque algunos sueños parezcan imposibles,
éstos pueden hacerse realidad.

Myriam era una niña intrépida, divertida y feliz. Tenía la mente ocupada con ideas disparatadas y graciosas todo el tiempo, aunque siempre con los pies en la tierra.

Cuando era más pequeña, se pasaba el día bailando y danzando por donde iba. Sin duda, la pasión por la música la había heredado de su padre. Era una niña tan feliz que a veces al andar, daba saltitos.

También hablaba, tanto y tan deprisa que a veces se trababa. Sabía narrar todo lo que pasaba a su alrededor, contándole cada tarde a su mami todas las anécdotas que vivía en casa de sus abuelos o en el cole.

Myriam tenía mucha imaginación, quizás porque le gustaba mucho leer y siempre iba con un libro bajo el brazo.

Su cabello moreno y rizado se alborotaba siempre que tenía una nueva locura que cumplir.

Sus papis, cada vez que la veían así no podían dejar de mirarla. Su madre le dijo una vez:

—Myri, ¿por qué no guardas todas esas ideas y sueños en una maleta?

—Mami ¡porque no caben! Son demasiado grandes, ¿cómo van a caber todos en una maleta?

—Bombón —así la llamaba su madre cariñosamente, sobre todo cuando quería que entrara en razón—, sólo debes de meter un objeto que represente ese sueño tuyo tan deseado, por ejemplo, ¿te acuerdas de aquel que tenías de tocar las nubes? Pues podrías meter un trocito de algodón blanco que tanto te recuerdan a las nubes en verano.

—Ahhh ya lo entiendo mami. ¡Es una gran idea!

Y la niña escapó a correr camino al desván de donde rescató su maleta de verano llena de pegatinas.

Los miércoles, después del taller de pintura, su amiga y ella siempre merendaban en casa.

Myriam ilusionada, le contó a su amiga la idea de la maleta de los sueños, aquella que ya estaba completando con alguno que otro como ir a una isla desierta para el cual metió un dibujo, tener un perrito que para este sueño metió un peluche de una perrita blanca y el que le dijo su madre del algodón para tocar las nubes. Se lo dijo tan ilusionada y convencida de que a su amiga le iba a gustar tanto como a ella, que no se dio cuenta de la cara que estaba poniendo.

Cuando terminó su amiga le dijo:

—¿En serio Myriam? ¿No crees que ya somos mayores para estas cosas?

Al principio Myriam se quedó callada, pero pronto le contestó:

—No es un juego de niñas pequeñas, se trata de... de soñar. Los sueños no tienen edad, ¿no? ¡Todo el mundo sueña! Hasta mis abuelitos lo hacen cada noche.

—Bueno tu verás, pero te aconsejo que no lo digas en el cole o los demás niños se reirán de ti.

Myriam se quedó algo desilusionada, pero comprendió que quizás fuese lo mejor.

Un día, mientras jugaba en el patio de su cole con sus amigas, un niño le dio un pelotazo en toda la cara. La pobre Myriam empezó a llorar y Joan, que así se llamaba el pequeño futbolista, se le acercó a pedirle perdón y le preguntó:

—¿Te duele? Lo siento mucho, de verdad, perdóname, yo no quería... he chutado, quería marcar un gol, pero... se ha desviado.

Myriam al principio no quería ni mirarlo, pero al notar la preocupación de su compañero de clase, lo hizo. Joan era algo más alto que ella y blanquito de piel. Su pelo era castaño y sus ojos entre marrones y verdes. Tras mirarlo detenidamente, e intentar disimular su asombro porque nunca antes lo había mirado de aquella manera, le contesto algo sonrojada:

—Un poco, pero no te preocupes, te perdono. Aunque no se yo si así llegarás a ser un gran futbolista.

Ella río, él no.

—Oh ¿qué pasa? ¡A quien le has dado es a mí!

—Ya... es por lo que has dicho... Ser futbolista es mi sueño.

—¿Tú también tienes una maleta de los sueños?

—¿Una qué?

—Ups, nada olvídalo —dijo Myriam guardándose su secreto.

—No, no, por favor cuéntamelo —le rogó Joan.

—Es que si te lo cuento te reirás de mi...

—Prometo no hacerlo.

Myriam tras mirarlo vio en su cara una expresión sincera y no se lo pensó dos veces.

—Verás, es que tengo una maleta. Una maleta de los sueños. En ella guardo todos los deseos y sueños que tengo a diario. Tu podrías tener la tuya y guardar tu sueño de ser futbolista, por ejemplo.

—Ah ya entiendo. ¿Y así se cumplen? ¿Si los guardo en una maleta?

—Pues no lo sé... pero por lo menos no te los rompen.

—¿No te los rompen? ¡Los sueños no se pueden romper! Los sueños son... quiero decir, estos no tienen... material —pensó Joan.

— Pero si se ríen de ellos en cierta forma lo hacen...

—¿Pero ¿quién se va a reír de ellos? ¿Por qué dices eso Myriam?

—Una amiga me dijo que no le contara a nadie lo de mi maleta de los sueños o se reirían de mí. Y si se ríen de mí, puede que no quiera hacer realidad ese sueño o peor aún, que no quiera soñar más —de pronto, Myriam se puso muy triste.

Ahora Joan lo entendió todo.

—¿Por eso no querías contármelo a mí?

Myriam afirmó con la cabeza.

—Yo no me voy a reír de tus sueños nunca, es más, a partir de hoy vamos a llenar esa maleta de sueños.

A Myriam le encantó la idea, y esa misma tarde Joan fue a su casa.

Desde que Joan llegó a casa de Myriam y tras la merienda que le había organizado su madre, se pusieron manos a la obra.

Joan había traído una maleta muy grande de color marrón y un balón, ya que tenía claro cuál iba a ser su primer sueño.

Myriam al verlo sonrió y ella le animó a meter el balón de futbol en la maleta para que Joan realizara su sueño de ser futbolista.

Después, estuvieron pensando, hablando e imaginando todo lo que querían para meterlo en las maletas de los sueños como, por ejemplo, un tulipán amarillo ya que a Myriam le encantaban y siempre soñaba con ver un campo repleto de ellos, o una hamburguesa de juguete para la maleta de Joan que soñaba con comerse una grandísima hamburguesa con queso algún día, o también el sombrero de color lila de Myriam que soñaba con ponerse todos los días para salir a la calle, o esa tiza porque soñaba con ser maestra cuando fuera mayor...

Y así pasaron la tarde, esa y otras tantas, metiendo distintos objetos que representaban sus sueños. Sueños bonitos, dispares, alocados, reales... Sueños de dos niños, dos niños con muchas ganas de soñarlo todo.

Fueron pasando los años y las maletas de los sueños fueron agrandándose, pero también, con el paso del tiempo, fueron pasando un poco al olvido conforme los chicos crecían.

Vivieron juntos toda la etapa del colegio, también la del instituto. Fueron a universidades distintas, pero nunca perdieron el contacto porque entre ellos, había una conexión única y juntos formaban algo especial.

Joan consiguió ser futbolista, jugando en un equipo regional y se comió la hamburguesa con queso más grande que jamás imaginó en un viaje que hizo en la universidad.

Myriam por su parte, cada noche miraba las nubes y a veces, tocando el trocito de algodón que guardó en la maleta, creía que las tocaba. Cada mañana, iba al cole, pero esta vez a trabajar como maestra, mostrando su gorro lila.

Pasó el tiempo, y Joan y Myriam vivían juntos en una hermosa casa cerca de un campo de tulipanes amarillos, y cuando éstos eran recogidos para su venta y Myriam ya no podía contemplarlos, Joan siempre le traía un ramo a casa.

Una noche, guardando cosas en el desván para hacerle sitio en la habitación a la pequeña Mía que venía de camino, vieron las maletas de los sueños. Con ilusión y nostalgia, las abrieron y con una gran sonrisa incrustada en el rostro de los dos recordaron cada pequeño detalle de cuando guardaban esos objetos que representaban sus sueños. La mayoría de los sueños ya los habían cumplido, aunque aún no sabían aquellos muchos otros que les depararía el destino y que aún les tocaría vivir. Joan le dijo a Myriam,

—Bombón, ¿te acuerdas de todos estos sueños? Creo que es momento de meter otro, mirando la barriguita abultada de Myriam.

—Lo primero que le vamos a regalar a la pequeña Mía será una maleta de los sueños.

— Estoy de acuerdo —dijo Joan—, quiero que ella sea tan feliz como nosotros cumpliendo nuestros sueños.

—Joan... si pudiéramos decirle algo a nuestros "yos" del pasado, ¿Qué les dirías? —Le preguntó Myriam.

Joan abrió su maleta, y dijo:

—Que la plena felicidad, aún está por venir. Y metió un chupete con el nombre de Mía grabado.

Myriam abrió la suya, pero en cambio, cogió papel y boli y escribió algo. A continuación, metió un papel.

Joan curioso, le preguntó:

—¿Qué has escrito?

Myriam cogió el papel que había escrito minutos antes y leyó:

—**Quiérete mucho y confía en ti. Sueña y persigue tus sueños siempre, nadie puede romperte eso.**

Joan orgulloso de ella, le dio un beso y juntos cerraron sus maletas, aunque no por mucho tiempo.

Mi nombre es María López Verdú y nací el 14 de octubre de 1988 en Murcia. Soy Maestra de Educación Infantil por vocación y de corazón, desde el año 2009. Amante de la literatura y escritora del cuento "Un cielo especial", os presento esta enternecedora historia que nos hace ver que, si perseguimos nuestros sueños, al final, se hacen realidad.